BEI GRIN MACHT SICH IHR WISSEN BEZAHLT

- Wir veröffentlichen Ihre Hausarbeit, Bachelor- und Masterarbeit

- Ihr eigenes eBook und Buch - weltweit in allen wichtigen Shops

- Verdienen Sie an jedem Verkauf

Jetzt bei www.GRIN.com hochladen und kostenlos publizieren

Susan Pedersen

Untersuchung des kommunalen Abfallaufkommens der Industrieländer

GRIN Verlag

Bibliografische Information der Deutschen Nationalbibliothek:

Die Deutsche Bibliothek verzeichnet diese Publikation in der Deutschen Nationalbibliografie; detaillierte bibliografische Daten sind im Internet über http://dnb.d-nb.de/ abrufbar.

Dieses Werk sowie alle darin enthaltenen einzelnen Beiträge und Abbildungen sind urheberrechtlich geschützt. Jede Verwertung, die nicht ausdrücklich vom Urheberrechtsschutz zugelassen ist, bedarf der vorherigen Zustimmung des Verlages. Das gilt insbesondere für Vervielfältigungen, Bearbeitungen, Übersetzungen, Mikroverfilmungen, Auswertungen durch Datenbanken und für die Einspeicherung und Verarbeitung in elektronische Systeme. Alle Rechte, auch die des auszugsweisen Nachdrucks, der fotomechanischen Wiedergabe (einschließlich Mikrokopie) sowie der Auswertung durch Datenbanken oder ähnliche Einrichtungen, vorbehalten.

Impressum:

Copyright © 2011 GRIN Verlag GmbH
Druck und Bindung: Books on Demand GmbH, Norderstedt Germany
ISBN: 978-3-656-37406-0

Dieses Buch bei GRIN:

http://www.grin.com/de/e-book/209009/untersuchung-des-kommunalen-abfallaufkommens-der-industrielaender

GRIN - Your knowledge has value

Der GRIN Verlag publiziert seit 1998 wissenschaftliche Arbeiten von Studenten, Hochschullehrern und anderen Akademikern als eBook und gedrucktes Buch. Die Verlagswebsite www.grin.com ist die ideale Plattform zur Veröffentlichung von Hausarbeiten, Abschlussarbeiten, wissenschaftlichen Aufsätzen, Dissertationen und Fachbüchern.

Besuchen Sie uns im Internet:

http://www.grin.com/

http://www.facebook.com/grincom

http://www.twitter.com/grin_com

Universität Greifswald
Institut für Politik- und
Kommunikationswissenschaft

Hausarbeit im Mikromodul: Vergleichende Politikwissenschaft

Thema der Hausarbeit:

Wie lässt sich das kommunale Abfallaufkommen der Industrieländer erklären

Sommersemester 2011
Version vom 31. August 2011

Bachelor of Arts
Teilstudiengang Politikwissenschaft
4. Fachsemester

Susan Pedersen

Anzahl der Wörter: 3694

Inhaltsverzeichnis

1. Einleitung 3
2. Theorie 4
    2.1 Kultureller Faktor 5
    2.2 Struktureller Faktor 5
    2.3 Politische Faktoren 6
    2.4 Ökonomischer Faktor 7
3. Operationalisierung 8
    3.1 Fallauswahl 8
    3.2 Abhängige Variable 8
    3.3 Kultureller Faktor 8
    3.4 Struktureller Faktor 10
    3.5 Politische Faktoren 10
    3.6 Ökonomischer Faktor 11
    3.7 Zeitverzögerungen 11
4. Datenanalyse 11
    4.1 Univariate Datenanalyse 11
    4.2 Bivariate Analyse 13
    4.3 Multivariate Datenanalyse 14
5. Schlussfolgerungen 18
6. Anhang 19
7. Abstract/Zusammenfassung 24

1. Einleitung

„Abfall ist Gegenstand unmittelbarer lebensweltlicher Erfahrung. Er entsteht jeden Tag aufs neue, ist sichtbar, muß gelagert werden, er stinkt, er ist schmutzig, er muß weggebracht werden" (Keller 2009: 21). Abfall ist dementsprechend eine Alltagserscheinung, die wiederum eine Wirkung auf unsere Umwelt hat. Zum einen wird die Umwelt durch die entstehenden Emissionen bei der Gewinnung der Rohstoffe und deren Verarbeitung, bei der thermischen und biologischen Behandlung des Abfalls und durch den Abfalltransport belastet, zum anderen können Schadstoffe aus Abfällen über Boden, Luft und Wasser in die Umwelt gelangen (Kranert/Cord-Landwehr 2010: 76). Des Weiteren hat das Abfallaufkommen ebenfalls Einfluss auf den Flächenverbrauch und kann ästhetische Schäden in der Landschaft hinterlassen (Jahn 2011: 29). All diese negativen Auswirkungen auf die Umwelt legen nahe, dass die Abfallproblematik neben dem Klimawandel oder der Bewahrung der Biodiversität eine bedeutsame Herausforderung für unsere heutige Gesellschaft ist. Folglich stellt sich die Frage welche Faktoren das kommunale Abfallaufkommen entscheidend beeinflussen. Es liegt in der Verantwortung der Unternehmen und vor allem der einzelnen Konsumierenden das Abfallaufkommen zu reduzieren. Daher soll in dieser Arbeit das kommunale Abfallaufkommen untersucht werden und auch auf den Faktor Umweltbewusstsein eingegangen werden. Weiterhin ist festzuhalten, dass das Abfallaufkommen in den Industrieländern zumeist höher ist, als in den Schwellen- und Entwicklungsländern (Kranert/Cord-Landwehr 2010: 49-50). Aufgrund dieser Verantwortung von Industrieländern für durch Müll hervorgerufene Umweltprobleme erscheint es interessant zu hinterfragen, welche Faktoren das Müllaufkommen in diesen Ländern bestimmen. Abfall ist im Gegensatz zum Klimawandel ein sichtbareres Umweltproblem, was darauf schließen lässt, dass die Abfallproblematik eher in das Zentrum des Umweltschutzes rücken sollte und eine gewisse Beachtung bei den Bürgerinnen und Bürger finden sollte. Jedoch zeigen Daten von 21 OECD-Ländern der Jahre 1980 – 2005 einen durchschnittlichen Anstieg des kommunalen Abfalls um 48,79 % (Jahn 2011: 29).

Aus dieser Problematik heraus ergibt sich somit die Forschungsfrage: Wie lässt sich das kommunale Abfallaufkommen der Industrieländer erklären? Nach meinem

Kenntnisstand gibt es in der Literatur keine quantitativ ländervergleichenden Studien zu dieser Problematik, jedoch viele Aufsätze zur Abfallwirtschaft einzelner Länder. Daher soll hier statistisch vergleichend der Forschungsfrage nachgegangen werden, um somit einen Beitrag zur Erklärung des Abfallaufkommens zu leisten. Dabei wird eine Querschnittanalyse für das Jahr 2005 von 21 OECD-Ländern durchgeführt.

Zunächst wird theoretisch diskutiert welche Faktoren welchen Einfluss auf das Abfallaufkommen haben, wobei auch auf empirische Erkenntnisse der Literatur eingegangen wird. Darauf folgend werden die theoretisch gewonnenen Faktoren operationalisiert. Anschließend wird die uni-, bi- und multivariate Datenanalyse vorgenommen, wobei letztere zeigen wird, welche Faktoren das Abfallaufkommen der Industrieländer beeinflussen. Abschließend werden die gewonnenen Ergebnisse zusammengefasst und im Zusammenhang mit den theoretischen Annahmen diskutiert, wobei Schlussfolgerungen gezogen werden.

2. Theorie

In der Literatur werden verschiedene Faktoren zur Erklärung des Abfallaufkommens genannt, die im Folgenden diskutiert werden. Da das Abfallaufkommen eines Landes zur Umweltperformanz zählt, wird hier auch auf Faktoren eingegangen, die bisher nur in der Diskussion zur Umweltperformanz Beachtung fanden, allerdings bei der Erklärung des Abfallaufkommens noch nicht besonders berücksichtigt wurden.

Karavezyris (2000: 83-84) geht anfangs von vier Einflussbereichen mit insgesamt 45 Faktoren aus, wobei die vier Bereiche folgende sind: Wirtschaft, Gesellschaft, Umwelt und Abfallmanagement. Ebenfalls vier Einflussbereiche werden von Kranert und Cord-Landwehr (2010: 36) identifiziert, die sie folgendermaßen benennen: gesetzliche Rahmenbedingungen, sozioökonomische Faktoren, die abfallwirtschaftliche Situation und die Struktur im Entsorgungsgebiet. Schaut man sich jedoch die Faktoren der einzelnen Bereiche an, können viele Übereinstimmungen festgestellt werden. Auf dem Gebiet der Umweltperformanz werden die öffentliche Meinung und Mobilisierung sowie strukturelle und ökonomische Veränderungen, politische Institutionen, Macht- und Ressourcen-Mobilisierung als Erklärungen genannt (Jahn 1998: 115; Scruggs 2003: 1-18). Aus der Diskussion des Abfallaufkommens und der Umweltperformanz kristallisieren sich dabei folgende Faktoren für diese Arbeit heraus: als kultureller Faktor das Umweltbewusstsein, als struktureller Faktor die Bevölkerungsdichte, als politische Faktoren Umweltbewegungen, Neokorporatismus,, Politik einzelner Parteien in Verbindung mit dem Vetospieleransatz und als ökonomischer Faktor das Bruttoinlandsprodukt (BIP). Bilitewski et al. (2000: 62-67) sowie Kranert und Cord-Landwehr (2010: 38) diskutieren außerdem Faktoren der Abfallwirtschaft, wie den Abfuhrrhythmus, die Gebührenstruktur und die Größe der Abfallbehälter. Auf diese Einflüsse kann aber in dieser Arbeit aufgrund fehlender Daten und mangelnder Vergleichbarkeit leider nicht eingegangen werden.

2.1 Kultureller Faktor
Karavezyris (2000: 90) nimmt an, dass die Bildung eines **Umweltbewusstseins** von der Ökonomie abhängt, da es konjunkturabhängig ist. Kranert und Cord-Landwehr (2010: 36-37) stellen den Konsumenten in den Mittelpunkt, er sei aufgrund seines Konsumverhaltens verantwortlich für die Abfallmengen und die Abfallzusammensetzung; so haben zum Beispiel vermehrt nachgefragte Bioprodukte Auswirkungen auf den Verpackungsbereich, da Obst und Gemüse aus diesem Sortiment ohne oder mit biologisch abbaubaren Verpackungen verkauft werden. Der Einfluss des Bildungsstand des Konsumenten ist noch nicht bekannt, jedoch korreliert er oft mit dem Umweltbewusstsein, damit kann davon ausgegangen werden, dass dieser sowohl das Entsorgungsverhalten als auch das Konsumverhalten beeinflusst (Kranert/Cord-Landwehr 2010: 36-37). Die OECD hat allerdings keine vergleichbaren Daten der zu untersuchenden Länder über den gesamtgesellschaftlichen Bildungsstand. Daher und aufgrund des starken Zusammenhangs zwischen Umweltbewusstsein und Bildungsstand beziehe ich mich im Weiteren auf das Umweltbewusstsein. Die **Hypothese H1** lautet, je höher das Umweltbewusstsein, desto geringer das kommunale Abfallaufkommen.

2.2 Struktureller Faktor
Ältere Untersuchungen über die Gemeindegröße und deren Einfluss auf die Menge des Abfalls ergaben, dass die Größe und Struktur des Siedlungsraums entscheidend für die Abfallmenge und Zusammensetzung ist (Bilitewski et al. 2000: 63). Die Größe eines Landes und deren **Bevölkerungsdichte** kann laut Jahn (1998: 116) auch ein

einflussreicher Faktor sein, da oft flächenreiche, weniger dicht besiedelte Länder natürliche Ressourcen als übermäßig vorhanden ansehen. Außerdem wird angenommen, dass dicht besiedelte Länder der Umweltverschmutzung eher entgegenwirken, da sie dort direkter wahrgenommen wird (Scruggs 2003: 9), wie zum Beispiel wilde Mülldeponien. Daher lautet die **Hypothese H2** je höher die Bevölkerungsdichte, desto geringer das kommunale Müllaufkommen.

2.3 Politische Faktoren

Die **Parteiendifferenzhypothese** besagt, dass die Resultate der Staatstätigkeit von der jeweiligen Regierungspartei abhängen, demnach setzen sich grüne Parteien und auch links-libertäre Parteien mehr für Umweltbelange ein (Garret 1998; vgl. Jahn 2008: 6-7). Der von George Tsebelis entwickelte **Vetospieleransatz** zeigt, inwiefern Vetospieler, zu denen politische Entscheidungsträger wie zweite Kammern oder der Bundespräsident zählen, Auswirkungen auf die Politik eines Landes haben können (Bernauer et al. 2009: 179). Dabei wird angenommen, dass die steigende Zahl von Vetospielern, mit unterschiedlichen politischen Positionen und mangelnder Kompromissbereitschaft eine Veränderung des Status quo erschweren, anders gesagt nimmt die Reformfähigkeit des politischen Systems ab (Bernauer et al. 2009: 179-181). Die **Hypothese H3** lautet daher je höher der Anteil von grünen und links-libertären Parteien in einer Regierung ist und je geringer der Einfluss von Vetospielern, desto geringer ist das kommunale Abfallaufkommen.

Umweltbewegungen, wie die Anti-Atom-Bewegung werden von Jahn (2009: 6) als weiterer Einflussfaktor auf die Umweltpolitik genannt, da sie einen ähnlichen Einfluss wie Gewerkschaften in der Sozialpolitik hätten. Rucht (1999: 205) bemerkt zudem, dass Umweltbewegungen als Agenda-Setter fungieren, zur Etablierung eines neuen Politik- und Industriesektors beigetragen haben und persönliche Einstellungen und Verhaltensweisen beeinflussen. Auch wenn laut Rucht (1999: 205) Umweltbewegungen bisher die Umweltzerstörung kaum stoppen konnten, lautet die **Hypothese H4** aufgrund der anderen eben genannten Feststellungen, dass je stärker der Einfluss von Umweltbewegungen ist, desto geringer ist das kommunale Abfallaufkommen.

In der Diskussion der Umweltperformanz ist **Neokorporatismus** ein weiterer wichtiger Einflussfaktor. Entgegen der These, dass Umweltinteressen sich in einem pluralistischen System besser durchsetzen können, stellt Scruggs (2003: 13-14) verschiedene Argumente auf, die begründen warum neokorporatistische Länder eine bessere Umweltperformanz haben - beispielsweise dass die Spitzenverbände die Vorteile von wirksamer Umweltpolitik vermitteln können. Auch Jahn (1998: 119) geht davon aus, dass Umweltinteressen effektiver und schneller in einem neokorporatistischen System umgesetzt werden können. Die **Hypothese H5** lautet daher, je neokorporatitischer ein Staat ist, desto geringer ist das kommunale Abfallaufkommen.

2.4 Ökonomischer Faktor

Laut Jahn (2008: 3) gibt es für die Beziehung zwischen Umweltverschmutzung und Entwicklung der Wirtschaft die Prosperity-Pollution-Hypothese und die Prosperity-Cleaning-Up-Hypothese, wobei die Prosperity-Pollution-Hypothese besagt, dass bei wachsendem Sozialprodukt (**BIP**) und damit verbundener erhöhter Produktion auch die Umweltverschmutzung ansteigt. Demgegenüber besagt die Prosperity-Cleaning-Up-Hypothese, dass die ökonomische Entwicklung mit der technischen Entwicklung und einem Strukturwandel vom Industrie- zum Servicesektor einhergeht und durch diese Veränderungen eine Reduzierung der Umweltverschmutzung angenommen werden kann (Jahn 2008: 3). Im Modell der Environmental Kuznet's Curve werden beide Hypothesen zusammengefasst, demnach bezieht sich die Prosperity-Pollution-Hypothese eher auf die Länder mit einem geringem BIP und die Prosperity-Cleaning-Up-Hypothese auf Länder mit einem großen BIP (Jahn 2008: 3). Entgegen der letzt genannten Hypothese charakterisiert Mengozzi (2010: 1) die Müllproduktion allerdings als Wohlstandsindikator, der mit der selben Rate wächst wie das BIP. Mengozzi (2010: 1) kritisiert dabei, dass die Länder mit den am weitesten entwickelten Demokratien, die die Möglichkeit haben, eine Politik der Reduktion und Prävention zu betreiben, diejenigen sind, die den meisten Müll produzieren. Auch Jahn (1998: 112) schreibt „waste is one of the environmental problems emerging from increased consumption and production". Die **Hypothese H6** ist daher, je höher das BIP ist, desto höher ist das kommunale Abfallaufkommen.

3. Operationalisierung

Im folgenden sollen die theoretisch gefundenen Faktoren operationalisiert werden, um sie als Variablen in ein Regressionsmodell aufzunehmen.

3.1 Fallauswahl

In dieser Arbeit werden 21 OECD-Länder untersucht[1]. Bei der Untersuchung handelt es sich um ein Most-Similar-Design, da relativ homogene Länder untersucht werden. Damit wird die externe Varianz minimiert, womit die Ergebnisse allerdings nicht auf andere Länder bezogen werden können (Jahn 2006: 234-235). Ein Grund die OECD-Länder zu untersuchen ist, wie bereits in der Einleitung erwähnt, dass das Abfallaufkommen in den Industrieländern höher ist als in Schwellen-und Entwicklungsländern ist (Kranert/Cord-Landwehr 2010: 49-50). Ein weiterer Grund für die Untersuchung der genannten 21 OECD-Länder ist die Datenverfügbarkeit.

3.2 Abhängige Variable

Die Daten der abhängigen Variable **kommunales Abfallaufkommen** beziehe ich von Jahn (2011). Das hier analysierte Aufkommen des kommunalen Mülls umfasst den Hausmüll inklusive Sperrmüll, Müll von Handel und Gewerbe, öffentlichen Gebäuden, Institutionen und kleinen Geschäften, Gartenmüll, Müll der Straßenreinigung, öffentliche Papierkörbe und Wochenmarktsmüll (Jahn 2011: 29). Nicht mit einbezogen wurde radioaktiver Müll, Industrie- und Giftmüll, Müll von kommunalen Abwassernetzen, kommunale Bau- und Abrissabfälle sowie der Export von Müll (Jahn 2011: 29). Die genutzten Daten sind aus dem Erhebungsjahr 2005.

3.3 Kultureller Faktor

Um den Indikator **Umweltbewusstsein** aufzunehmen arbeite ich mit dem World Value Survey (WVS), dabei gehe ich ähnlich wie Inglehart (1995: 61) vor. Als erstes wurden über die Online-Datenanalyse der WVS-Website (WVS 2011) die entsprechenden 21 OECD-Länder heraus gesucht. Da die Daten für die einzelnen Länder zum Teil in

---

1 Dazu zählen folgende: Australien, Belgien, Dänemark, Deutschland, Finnland, Frankreich, Griechenland, Irland, Italien, Japan, Kanada, Neuseeland, Niederlande, Norwegen, Österreich, Portugal, Schweden, Schweiz, Spanien, USA, Vereinigtes Königreich.

verschiedenen Jahren erhoben wurden, wurde versucht die Daten so auszuwählen, dass die Erhebungsjahre für die 21 Länder möglichst eng bei einander liegen[2]. Die Befragungswerte für Großbritannien und Nordirland lagen getrennt vor, sie wurden nach der Bevölkerungszahl[3] für das Jahr gewichtet und schließlich für das Vereinigte Königreich zusammengeführt. Da die Daten der Umweltfragen im WVS zum Teil nur für 17 der 21 OECD-Länder vorliegen, habe ich nur die in allen 21 Ländern erhobenen Antworten auf die Aussage „I would agree to an increase in taxes if the extra money were used to prevent environmental pollution" (WVS: 2011, Item B002) genutzt. Dies erscheint unproblematisch, da die Ergebnisse für 17 Länder denen der anderen zwei Items[4] recht ähnlich sind[5]. Zudem wurde aus den drei Items für die 17 Länder ein Index des Umweltbewusstseins berechnet[6]. Dieser hat mit dem verwendeten Item B002 einen Korrelationskoeffizienten von 0,934, wobei die Korrelation auf dem Niveau von 0,01 signifikant ist.

Die Zustimmungswerte zu den Aussagen aus den einzelnen Länder wurden für die Berechnungen folgendermaßen in den Datensatz übernommen: zum Prozentwert der Kategorie „agree" wird der Prozentwert der Kategorie „strongly agree"[7] zweimal dazu addiert. Die Werte der Variablen sind dann zwar nicht mehr als Prozentwerte der Zustimmung zu verstehen und es ist natürlich fraglich, ob die Befragten die Kategorie „strongly agree" wirklich doppelt so stark einschätzen wie die Kategorie „agree", schließlich handelt es sich nur um eine Ordinalskala. Allerdings ergibt sich meiner Meinung trotz dieses Problems ein genaueres Bild, da die Antwort „strongly agree" stärker gewichtet wird.

---

2 Die Daten stammen aus folgenden Jahren: Australien 1995, Belgien 1999, Dänemark 1999, Deutschland 1999, Finnland 2000, Frankreich 1999, Griechenland 1999, Irland 1999, Italien 1999, Japan 2000, Kanada 2000, Neuseeland 1998, Niederlande 1999, Norwegen 1996, Österreich 1999, Portugal 1999, Schweden 1999, Schweiz 1996, Spanien 1999, USA 1999, Vereinigtes Königreich 1999.
3 Die Daten stammen vom britischen Office for National Statistics (ONS 2011).
4 Item B001 lautet „Would give part of my income for the environment", Item B003 lautet „The Government should reduce environmental pollution, but it should not cost me any money".
5 Siehe Abbildung 6 im Anhang.
6 Der Index stellt die Mittelwerte der drei Items dar.
7 Bei Item B003 wurden die Kategrien „disagree" und „strongly disagree" verwendet.

3.4 Struktureller Faktor

Um die **Bevölkerungsdichte** zu ermitteln wurden die Einwohnerzahlen (OECD: 2010) durch die Fläche des jeweiligen Staatsgebiet (UN: 1997) geteilt.

3.5 Politische Faktoren

Der **Agenda-Setting-Power-Index (ASPI)** operationalisiert den **Vetospieleransatz** und die **Parteiendifferenzhypothese** (Jahn 2008: 9). Eine kurze Erläuterung des ASPI: Zur Einflussermittlung der Vetospieler werden der Präsident, Koalitionen und zweite Kammern betrachtet; die Macht der jeweiligen Vetospieler wird auf einer Skala zwischen 0 und 6 eingestuft, wobei 0 ausdrückt, dass der Vetospieler keinen Einfluss hat (Jahn 2008: 10). Um die Regierungsposition zur Umwelt festzustellen, wird die Position der Regierungsparteien zu Umwelt und Wachstum betrachtet, Positionen pro Wachstum bekommen positive und Positionen pro Umwelt negative Werte, dann werden die Parteipositionen nach Kabinettssitzen gewichtet, um so die Regierungsposition festzustellen, des Weiteren wird neben der Umwelt-Wachstums-Dimension die Links-Rechts-Dimension aufgenommen (Jahn 2008: 7-8). Die Berechnung erfolgt dann, indem die dabei gewonnene Präferenzen-Mobilisierung durch die Stärke der Vetospieler geteilt wird (Jahn 2008: 10).

Der Einfluss beziehungsweise Erfolg von **Umweltbewegungen** ist nach Felix Kolb (2007: 274-275) von den drei folgenden Faktoren abhängig, von der Stärke der Bewegung, ihrer Strategie und dem kulturellen, ökonomischen und politischen Kontext. Auch Dieter Rucht (1999: 216) betont, dass nicht nur die Mitgliederzahlen entscheidend sind, da sie den politischen Druck, der erzeugt werden kann, nicht widerspiegeln, daher nutze ich zur Operationalisierung die Daten von Detlef Jahn (2009: 6), die sowohl die politische Stärke der Bewegung, als auch die Mobilisierung erfassen.

Da der generelle **Neokorporatismus** aus dem Index von Siaroff (1999) mit dem Neokorporatismus der Umwelt korreliert (Scruggs 2003: 131-134) nutze ich diesen Index für meine Untersuchung.

3.6 Ökonomischer Faktor
Um das BIP pro Kopf in die Analyse aufzunehmen wurde auf die Daten von Jahn (2008) zurückgegriffen.

3.7 Zeitverzögerungen
Die Zeitverzögerungen der einzelnen Variablen wurden anhand von theoretischen Überlegungen und bivariaten Analysen (Korrelation mit der abhängigen Variablen) ausgewählt. Die Bevölkerungsdichte wurde mit einer Verzögerung von zwei Jahren aufgenommen, wobei zu bemerken ist das sich ihr Wert über die Jahre kaum verändert hat. Der ASPI wurde um vier Jahre verzögert, da dies angesichts der Langwierigkeit von Regierungswechsel bis zur Veränderung des Outcomes realistisch erscheint[8]. Bei den Variablen Umweltbewegungen und Neokorpartismus wurden die Daten des Jahres 2004 verwendet, wobei zu festzustellen ist, dass sie sich in den letzten Jahren im Prinzip nicht geändert haben. Das BIP pro Kopf wurde lediglich um ein Jahr verzögert, da es sich unter anderem an Konsum und Produktion bemisst und diese einen relativ unmittelbaren Einfluss auf das Müllaufkommen haben, wie bereits in Abschnitt 4.2 herausgestellt wurde.

4. Datenanalyse
Es folgt die Auswertung der erhobenen Daten, erst dadurch können die Hypothesen angenommen oder verworfen werden (Schnell et al. 2008: 441).

4.1 Univariate Datenanalyse
Im Folgenden wird ein Überblick über die verwendeten Variablen gegeben, indem deren Minimum, Maximum, Mittelwert und Standardabweichung in einer Tabelle dargestellt werden (Abb.1). Um einen besseren Eindruck von der abhängigen Variablen zu erhalten wurde ein Säulendiagramm erstellt (Abb 2).

---

[8] Eine Verzögerung von vier Jahren wurde übrigens auch von Jahn (2008: 18) im Bereich Straßenverkehrsemissionen gewählt.

Abb. 1: Deskriptive Statistik

	N	Minimum	Maximum	Mittelwert	Standardab-weichung
Abfall pro Kopf in Kilogramm	21	400,00	791,00	607,3810	125,06703
Umweltbewusstsein	21	30,00	105,20	61,1762	19,69261
Bevölkerungsdichte in Einwohnende pro Km²	21	2,57	390,70	127,5864	120,60420
ASPI	21	-716,64	1480,15	257,1942	558,55912
Umweltbewegung	21	2,00	13,00	6,4286	3,29502
Neokorporatismus	21	1,88	4,63	3,2262	1,03200
BIP pro Kopf in Tausend US-Dollar	21	18,54	38,89	28,1249	4,67362

Abb. 2: Säulendiagramm abhängige Variable

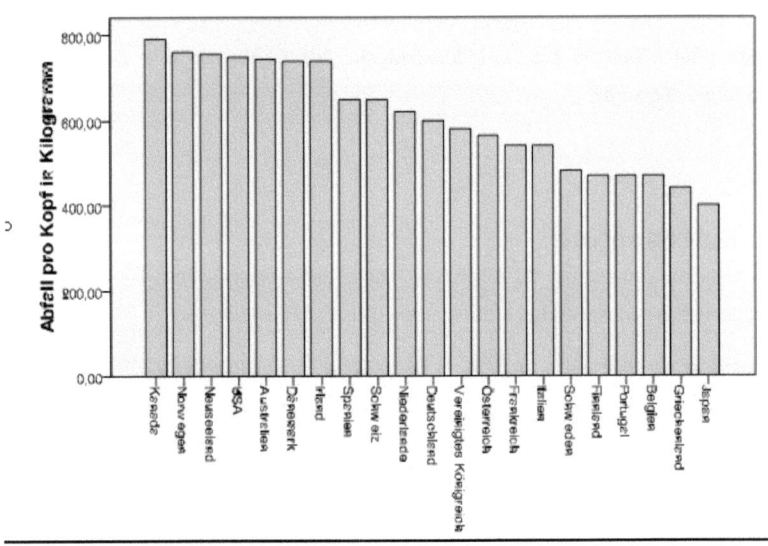

Um Ausreißer und Extremwerte zu identifizieren, die das Regressionsmodell verzerren können, wurden Boxplots[9] angefertigt. Es liegen keine Extremwerte vor, jedoch

---

9 Siehe im Anhang Abbildung 7.

Ausreißer bei dem BIP. Die von Jahn (2006: 368) vorgeschlagen Methoden der Transformatiion, wie Quadrierung, das Wurzelziehen oder der Logarithmus zur Beseitigung der Ausreißer blieben erfolglos. Da es sich jedoch nur um Ausreißer und nicht Extremwerte handelt werden die Variablen unverändert in das Regressionsmodell übernommen.

4.2 Bivariate Analyse

Die bivariate Analyse anhand von Korrelationen (Abb. 3) zeigt zum einen in welchem Zusammenhang die unabhängigen Variablen mit der abhängigen Variable stehen. Die Korrelationen sind dabei ein Indikator dafür, welche Variablen in das Regressionsmodell aufzunehmen sind[10] (Jahn 2006: 371). Zum anderen werden in der Korrelationsmatrix die Beziehungen der unabhängigen Variablen untereinander sichtbar (Jahn 2006: 371). Zeigen sich in der Matrix hohe Korrelationen, ist dies ein Zeichen für Multikollinearität, die zur Folge hat, dass der Standardfehler größer wird und die Signifikanz der Regressionskoeffizienten geringer (Wagschal 1999: 237). Laut Jahn (2006: 378) sollten die Korrelationskoeffizienten nicht größer als 0,7 sein. Da dieser Wert hier nicht überschritten wird, muss auf das Problem keine weitere Rücksicht genommen werden.

---

10 Mehr zur Auswahl der Variablen für das Modell folgt im nächsten Abschnitt 4.3.

Abb. 3: Korrelationsmatrix

Korrelationen

	Abfall pro Kopf	Umweltbe-wusstsein	Bevölker-ungsdichte	ASPI	Umwelt-bewegung	Neokorpo-ratismus	BIP pro Kopf
Abfall pro Kopf	1						
Umweltbe-wusstsein	,205 (,373)	1					
Bevölker-ungsdichte	-,446* (0,430)	-,376 (,093)	1				
ASPI	-,314 (,166)	-,153 (,507)	-,058 (,804)	1			
Umwelt-bewegung	,137 (,553)	-,098 (,674)	,094 (,685)	-,159 (,491)	1		
Neokorpo-ratismus	-,162 (,484)	-,214 (,351)	,190 (,410)	-,246 (,283)	,352 (,117)	1	
BIP pro Kopf	,510* (,0180)	,375 (,094)	-,173 (,454)	-,465* (,034)	,455* (,038)	,371 (,097)	1

*(Fettdruck): Die Korrelation ist auf dem Niveau von 0,05 (2-seitig) signifikant.
Der erste Wert in den jeweiligen Zellen ist der Korrelationskoeffizient nach Pearson, der Wert in Klammern ist der Signifikanzwert (2-Seitig).

4.3 Multivariate Datenanalyse

Der Forschungsfrage entsprechend soll die Varianz der abhängigen Variablen (Y) bestmöglich erklärt werden. Gemäß dieser Forderung wird hier ein Y-zentriertes Forschungsdesign verwendet, bei dem „grundsätzlich alle Variablen aufgenommen [werden], durch die ein zusätzlicher Teil der Varianz in Y erklärt werden kann" (Sieberer 2007: 262). Allerdings ist bei einer Regressionsanalyse auch das Verhältnis von Fallzahl zu Variablenanzahl zu beachten (Jahn 2006: 375). Den 21 OECD-Ländern, die die Fälle darstellen, stehen derzeit sieben Variablen gegenüber, die abhängige und die sechs theoretisch identifizierten unabhängigen Variablen. Die von Jahn (2006: 375) vorgeschlagene, häufig angewandte Faustregel besagt allerdings, dass die Variablenanzahl ein Drittel der Fallzahl minus Eins nicht überschreiten soll. Das bedeutet, dass nur fünf unabhängige Variablen in das Modell aufgenommen werden können. Dabei wird diejenige aussortiert, die den geringsten Korrelationswert mit der abhängigen Variable hat, nämlich die Umweltbewegungen. Schließlich sollten vor allem die Variablen im Modell Beachtung finden, die mit der unabhängigen am stärksten korrelieren (Jahn 2006: 371). Dass einige der restlichen fünf unabhängigen Variablen dabei nicht in signifikanten Zusammenhang zur abhängigen Variablen stehen, soll dabei zunächst nicht stören, da Variablen, die in der bivariaten Korrelation nicht signifikant sind, dies sehr wohl in der multivariaten Regression werden können (Jahn 2006: 371). Da die Variable Neokorporatismus einen ähnlich niedrigen Korrelationskoeffizienten wie die Variable Umweltbewegung aufweist, wurde ein weiteres Modell berechnet, indem anstelle des Neokorporatismus die Variable Umweltbewegungen wieder aufgenommen wurde. Jedoch ist die Güte des Modells, gemessen am Standardfehler des Schätzers und an R^2 (vgl. Jahn 2006: 374) schlechter. Wenn beide Variablen nicht in das Modell aufgenommen werden, wird zwar die Bevölkerungsdichte signifikant[11] allerdings leidet wiederum die Modellgüte[12]. Auch die zusätzliche Nichtaufnahme der Variablen mit dem drittschlechtesten Korrelationskoeffizienten, Umweltbewusstsein, brachte keine bessere Güte des Modells. Ebenso sieht es aus, wenn außerdem die Variable mit dem viertschlechtesten Korrelationskoeffizienten ausgelassen wird und damit nur die bivariat signifikanten Variablen Bevölkerungsdichte und BIP aufgenommen werden. Auch das von Achen (1982: 65; vgl. Jahn 2006: 374) vorgeschlagene Vorgehen führte nicht zu einem besseren Modell, wobei diesem Vorgehen zu Folge die Variable Umweltbewusstsein nicht in das Modell aufgenommen wurde.

Für die weitere Diskussion wird daher das in Abbildung 4 gezeigte Modell zu Grunde gelegt, bei dem Umweltbewusstsein, Bevölkerungsdichte, der ASPI, Neokorporatismus und das BIP pro Kopf aufgenommen wurden, allerdings nicht die Variable Umweltbewegung.

---

11 Korrelationskoeffizient: -0,438, Signifikanzwert: 0,050
12 Standardfehler des Schätzers: 0,8458, R^2: 0,428

Abb. 4: Regressionsmodell

Modellzusammenfassung

Modell	R	R-Quadrat	Korrigiertes R-Quadrat	Standardfehler des Schätzers
1	,710ª	,504	,339	,81281739

Koeffizientenª

Modell		Nicht standardisierte Koeffizienten		Standardisierte Koeffizienten		
		Regressionskoeffizient B	Standardfehler	Beta	T	Sig.
1	(Konstante)	,000	,177		,000	1,000
	Umweltbewusstsein	-,074	,213	-,074	-,345	,735
	Bevölkerungsdichte	-,336	,210	-,336	-1,602	,130
	ASPI	-,185	,208	-,185	-,886	,389
	Neokorporatismus	-,317	,208	-,317	-1,525	,148
	BIP pro Kopf	,511	,231	,511	2,215	,043

4.4 Ergebnisse

Bevor die Ergebnisse dargestellt und interpretiert werden, soll zunächst die Güte des Modells betrachtet werden. Das Modell erklärt zu 50,4% die Varianz der abhängigen Variablen, also des kommunalen Müllaufkommens der 21 OECD-Länder im Jahr 2005. Dies ist am R^2 abzulesen, wobei 50,4% kein besonders hoher Wert ist (Wagschal 1999: 232-233; Jahn 2006: 374). Zudem erfüllen die t-Werte der einzelnen Variablen außer beim BIP pro Kopf nicht die von Jahn (2006: 374) vorgeschlagende Regel, die besagt, dass die t-Werte größer/gleich 2 bzw. niedriger/gleich -2 sein sollten. Zur Erklärung des Abfallaufkommens bedarf es daher aus meiner Sicht weiterer Forschnung. Es sollten zum Beispiel für die anfangs ebenfalls genannten Faktoren wie Gebührenstruktur oder Abfuhrrhythmus (Kranert/Cord-Landwehr 2010: 38) auch vergleichbare Daten erhoben werden um weitere Erkenntnisse und Lösungsansätze zu gewinnen.

Zur weiteren Überprüfung des Modells wurde im Folgenden die Jackknife-Methode angewendet, um Länder zu identifizieren die einen Einfluss auf das Modell haben (Jahn 2006: 385). Die Ergebnisse dieses Verfahrens sind in Abbildung 5 dargestellt. Allerdings wird auf diese nicht näher eingegangen, da das Verfahren laut

Jahn (2006: 385) sehr anfällig gegenüber kleinen Fallzahlen ist, dies erklärt auch warum sich bei 11 von 21 OECD-Ländern Veränderungen ergeben.

Abb. 5: Ergebnisse Jackknife-Methode

entferntes Land	Auswirkungen auf das BIP pro Kopf	Auswirkung auf den Standardfehler des Schätzers
Österreich	nicht mehr signifikant	---
Belgien	nicht mehr signifikant	---
Dänemark	---	sinkt auf 0,77
Finnland	---	sinkt auf 0,76
Griechenland	nicht mehr signifikant	sinkt auf 0,79
Irland	nicht mehr signifikant	---
Italien	nicht mehr signifikant	---
Niederlande	---	sinkt auf 0,78
Neuseeland	---	sinkt auf 0,76
Norwegen	nicht mehr signifikant	---
Portugal	nicht mehr signifikant	---
Schweden	nicht mehr signifikant	sinkt auf 0,80
Schweiz	nicht mehr signifikant	---

Das Regressionsmodell zeigt zum einen, dass die Richtung des Zusammenhanges der **Hypothese H1** zutrifft, je höher das Umweltbewusstsein ist, desto geringer ist das Abfallaufkommen, jedoch ist dieser Zusammenhang nicht signifikant. Gleiches gilt für die **Hypothese H2**. Es zeigt sich auch hier, dass die Richtung des Zusammenhang zutrifft, nämlich dass eine höhere Bevölkerungsdichte mit einem niedrigeren kommunalen Müllaufkommen einhergeht. Aber auch hier liegt keine Signifikanz vor. Hingegen zeigt sich bei der **Hypothese H3**, dass diese nicht zutreffend ist, da dem Modell zu Folge ein größerer Anteil an grünen bzw. links-libertären

Regierungsparteien[13] zu einem höheren Abfallaufkommen führt. Weiterhin wird gezeigt, dass ebenfalls die Richtung des Zusammenhanges der **Hypothese H4** zutrifft, dass also ein stärker Neokorporatismus mit einem geringeren kommunalen Müllaufkommen einhergeht. Allerdings ist auch dieses Ergebnis nicht signifikant. Die **Hypothese H5**, dass das kommunale Müllaufkommen umso geringer ist, je stärker die Umweltbewegung im Land ist, konnte nicht bestätigt werden. Zum einen zeigte diese Variable den schwächsten Zusammenhang mit der unabhängigen, zum anderen wies der Zusammenhang nicht in die vorhergesehene Richtung. Die **Hypothese H6**, die besagt, je höher das BIP pro Kopf ist, desto höher ist das Abfallaufkommen, bestätigt sich und ist auf dem 5% Niveau signifikant.

5. Schlussfolgerungen

Als Ergebnis dieser Untersuchung ist festzuhalten, dass von den untersuchten Variablen nur ein hohes BIP pro Kopf in signifikanter Weise zu einem hohen kommunalen Abfallaufkommen führt. Dieses Ergebnis stützt zum Teil die Aussage von Mengozzi (2010: 1), dass Müll ein Wohlstandsindikator ist, der mit der Steigerung des BIP anwächst. Auch die Aussage von Jahn (2011: 28), dass das Abfallaufkommen von der ökonomischen Struktur abhängt, sehe ich als belegt an. Die Feststellung von Karavezyris (2000: 84), indem er verschiedene Einflussfaktoren bewertet und ermittelt das die umweltbezogenen bzw. ökologischen Faktoren, wie dass Umweltbewusstsein, nur eine geringe Relevanz besitzen, wird hier für die 21 OECD-Länder bestätigt, es ist zu bemerken das Karavezyris nur Berlin untersucht hat. Dieses Ergebnis legt nahe, dass im Bereich des Umweltbewusstseins im Bezug auf das Abfallaufkommen noch eine Sensibilisierung der Gesellschaft erfolgen muss. Lottner (2008: 3) fordert daher, dass Staat, Kommunen, Bürger und Wirtschaft als aktive Partner für eine nachhaltige Entwicklung der Abfallwirtschaft zusammen arbeiten müssen. Ein guter Schritt dafür ist Lottners (2008: 3-4) Meinung nach die 2008 verabschiedete EU-Richtlinie über Abfälle, indem die Mitgliederstaaten verpflichtet werden Abfallvermeidungsprogramme zu erstellen und die Fortschritte alle sechs Jahre zu bewerten und gegebenenfalls zu

---

13 Es sei an dieser Stelle daran erinnert, dass grüne Positionen beim ASPI einen negativen Wert bekommen haben. Daher gilt, je kleiner der ASPI, desto „grüner" die Regierung.

optimieren und all dies unter Beteiligung und vor allem Information der Öffentlichkeit. Daher wäre es interessant eine ähnliche Untersuchung in geraumer Zeit zu wiederholen, um zu überprüfen ob die EU-Richtlinie Erfolge erzielt hat. Jedoch sollten zu diesem Zwecke erst einmal vergleichbare Daten erhoben werden, damit weitere Faktoren in die Untersuchung einfließen können. Abschließend ergibt sich die Schlussfolgerung, dass insbesondere bei den Ländern mit einem hohen BIP pro Kopf ein Umdenken von Industrie, Gewerbe und auch jedem einzelnen Konsumierenden erfolgen muss, zum einen um den schädlichen Auswirkungen eines hohen Abfallaufkommens entgegen zu wirken und zum anderen um immer knapper werdende Ressourcen zu schonen.

6. Anhang

Abb. 6: Umweltbewusstsein

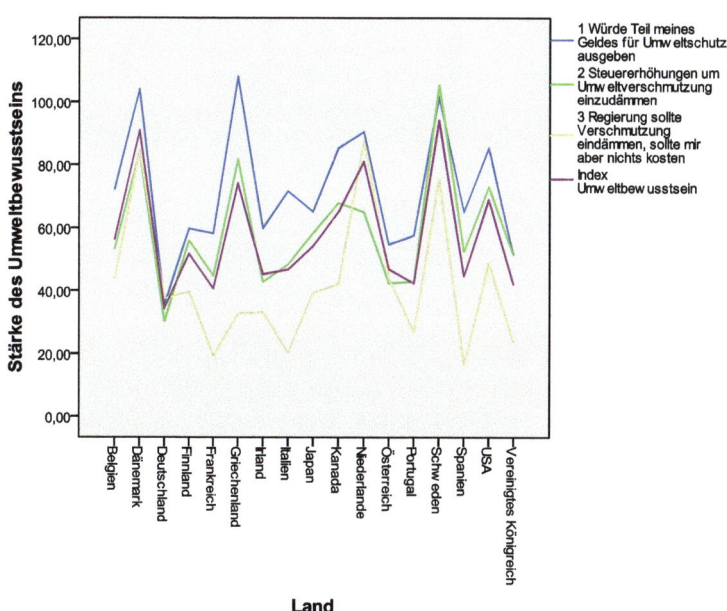

Abb. 7: Boxplots

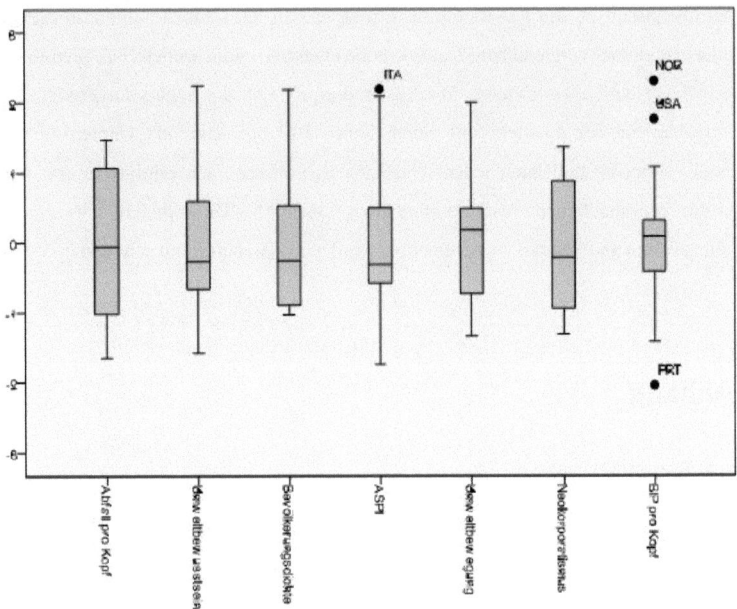

7. Literaturverzeichnis

Achen, Christopher H. (1982): Interpreting and Using Regression. Newbury Park, CA: Sage.

Bernauer, Thomas; Jahn, Detlef; Kuhn, Patrick; Walter, Stefanie (2009): Einführung in die Politikwissenschaft. 1. Aufl. Baden-Baden: Nomos.

Bilitewski, Bernd; Härdtle, Georg; Marek, Klaus (2000): Abfallwirtschaft. Handbuch für Praxis und Lehre ; mit 130 Tabellen. 3., neubearb. Berlin et al.: Springer.

Garrett, Geoffrey (1998): Partisan politics in the global economy. Cambridge: Cambridge University Press.

Inglehart, Ronald (1995): Public Support for Environmental Protection: Objective Problems and Subjective Values in 43 Societies. In: *PS: Political Science and Politics* 28 (1), S. 57–72.

Jahn, Detlef (1998): Environmental performance and policy regimes: Explaining variations in 18 OECD-countries. In: *Policy Sciences* (31), S. 107–131.

Jahn, Detlef (2006): Einführung in die vergleichende Politikwissenschaft. Wiesbaden: VS Verlag für Sozialwissenschaften.

Jahn, Detlef (2008): The Politics of Climate Change: Paper presented at the 2008 ECPR Joint Sessions of Workshops, 11th-16th April 2008 in Rennes, France.

Jahn, Detlef (2009): International and Domestic Aspects of the Institutionalization of Environmental Policies in Industrial Countries. Paper prepared for the 50th Annual Convention of the International Studies Association, New York, USA, 15-18 February 2009.

Jahn, Detlef (2011): Environmental Performance in 21 OECD Countries from 1980 to 2005. Unveröffentlichtes Manuskript. Universiät Greifswald.

Karavezyris, Vassilios (2000): Prognose von Siedlungsabfällen. Untersuchungen zu determinierenden Faktoren und methodischen Ansätzen. Dissertation. TU Berlin. Online verfügbar unter http://opus.kobv.de/tuberlin/volltexte/2000/80/, zuletzt geprüft am 13.08.2011.

Keller, Reiner (2009): Müll - die gesellschaftliche Konstruktion des Wertvollen. Die öffentliche Diskussion über Abfall in Deutschland und Frankreich. 2. Aufl. Wiesbaden: VS, Verl. für Sozialwiss.

Kolb, Felix (2007): Protest and Opportunities. The Political Outcome of Social Movements. Frankfurt/New York: Campus-Verlag.

Kranert, Martin; Cord-Landwehr, Klaus (2010): Einführung in die Abfallwirtschaft. Mit 297 Abbildungen und 131 Tabellen. 4., vollst. aktualisierte und erw. Wiesbaden: Vieweg + Teubner.

Lottner, Ulrich S. (2008): Neue Wege zur Vermeidung von Siedlungsabfällen in den Kommunen. Online verfügbar unter http://www.abfallratgeber-bayern.de/arba/allglfu.nsf/140D1351A12A3658C12571AA0036665B/$file/siedlungsabfall.doc, zuletzt geprüft am 31.08.2011.

Mengozzi, Alessandro (2010): Waste Growth Challenges Local Democracy. The Politics of Waste between Europe and the Mediterranean: a Focus on Italy. In: *California Italian Studies Journal* (1), S. 1–21.

OECD (2010): Population levels. Online verfügbar unter http://www.oecd.org/document/0,3746,en_2649_201185_46462759_1_1_1_1,00.html, zuletzt geprüft am 29.08.2011.

ONS (Office for National Statistics) (2011): Vital Statistics: Table - 1.2: Population: constituent countries of the UK. Online verfügbar unter http://www.ons.gov.uk/ons/publications/re-reference-tables.html?edition=tcm%3A77-213289, zuletzt geprüft am 31.08.2011.

Rucht, Dieter (1999): The Impact of Environmental Movements in Western Societies. In: Marco Giugni, Doug McAdam und Charles Tilly (Hg.): How Social Movements Matter. Minneapolis: University of Minnesota Press, S. 204–224.

Schnell, Rainer; Hill, Paul Bernhard; Esser, Elke (2008): Methoden der empirischen Sozialforschung. 8., unveränd. München [u.a.]: Oldenbourg.

Scruggs, Lyle A. (2003): Sustaining abundance: Environmental performance in industrial democracies. Cambridge: Cambridge University Press.

Siaroff, Alan (1999): Corporatism in 24 industrial democracies: Meaning and measurement. In: *European Journal of Political Research* (36), S. 175–205.

Sieberer, Ulrich (2007): "Aber könnte es nicht auch sein, dass...?": Die Auswahl unabhängiger Variablen in X-zentrierten und Y-zentrierten Forschungsdesigns. In: Thomas Gschwend und Frank Schimmelfennig (Hg.): Forschungsdesign in der Politikwissenschaft: Probleme - Strategien - Anwendungen. Frankfurt/Main: Campus-Verlag, S. 253–279.

UN (1997): Total area. Online verfügbar unter http://unstats.un.org/unsd/ENVIRONMENT/totalarea.htm, zuletzt geprüft am 29.08.2011.

Wagschal, Uwe (1999): Statistik für Politikwissenschaftler. München: Oldenbourg.

World Value Survey (2011): Online Data Analysis. Online verfügbar unter http://www.wvsevsdb.com/wvs/WVSAnalize.jsp, zuletzt geprüft am 29.08.2011.

7. Abstract/Zusammenfassung

Abstract:

How can the municipal waste of industrial countries be explained?

This paper examines the influential factors on the municipal waste from 21 OECD countries of the year 2005. It is a quantitative comparative cross-sectional analysis. The results show that only the GDP per capita has a significant influence – a higher GDP is associated with a higher amount of municipal waste. On the other hand the following variables have no significant effects: environmental awareness, population density, environmental movements, neo-corporatism and governments. This leads to the conclusion that especially in countries with a high GDP per capita a rethinking of industry, commerce and also each individual user is necessary in order to counteract the harmful effects of high waste generation and in order to save scarce resources.

Zusammenfassung:

Wie lässt sich das kommunale Abfallaufkommen der Industrieländer erklären?

Die Arbeit untersucht die Einflussfaktoren auf das kommunale Abfallaufkommen von 21 OECD-Staaten aus dem Jahr 2005. Es erfolgt eine quantitativ vergleichende Querschnittsanalyse. Das Ergebnis zeigt, dass nur das BIP pro Kopf einen signifikanten Einfluss hat – je höher das BIP, desto höher das kommunale Abfallaufkommen. Keinen signifikanten Einfluss hingegen haben die Variablen, Umweltbewusstsein, Bevölkerungsdichte, Umweltbewegungen, Neokoporatismus und Regierungsparteien. Es ergibt sich die Schlussfolgerung, dass insbesondere bei den Ländern mit einem hohen BIP pro Kopf ein Umdenken von Industrie, Gewerbe und auch jedem einzelnen Konsumierenden erfolgen muss, zum einen um den schädlichen Auswirkungen eines hohen Abfallaufkommens entgegen zu wirken und zum anderen um immer knapper werdende Ressourcen zu schonen.